CONTENTS

목차

갓스토리 구성

• 학생용 공과

낮은 수준부터 6컷의 만화와 높은 수준까지의 질문과 활동이 담겨져 있는 공과책.

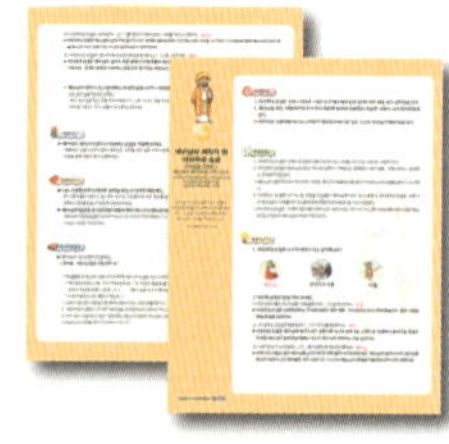

• 교사용 가이드

학생용 공과의 질문에 대한 답변과 시대적 배경 설명, 활동자료 사용법에 대해 설명. (한장연몰 다운로드)

• 색칠하기

각 과의 인물을 출력하며 색칠 할수 있도록 만든 컨텐츠. (한장연몰 다운로드)

• 스토리북

13가지의 이야기를 담아낸 그림책으로 기초적인 질문을 통해 학습.

• 플래시애니메이션

13과의 만화를 실감나는 영상으로 감상. (한장연몰 다운로드)

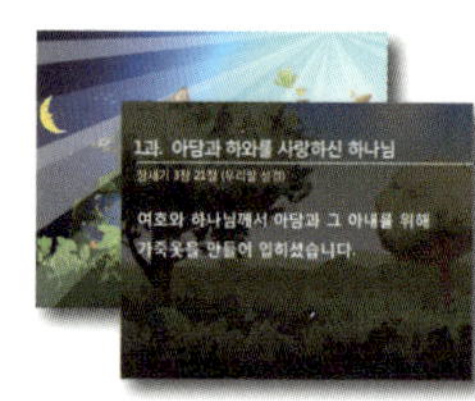

• 설교 PPT

도입, 스토리, 퀴즈, 적용으로 구성되어 체계적으로 설교를 이끌어 냄. (한장연몰 다운로드)

갓스토리 사용하기

영 • 유아 (3세~5세)

① 색칠하기

유치 • 유년 (5세~7세)

① 플래시애니메이션

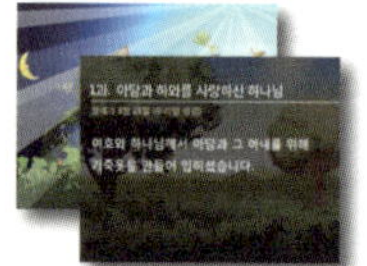

② 설교PPT

③ 스토리북

초등 (7세~13세)

① 플래시애니메이션

② 설교PPT

③ 학생용 공과

* 가능한 수준까지 문제풀기

갓스토리 활용가이드

• 본문말씀 / 6컷 만화

성경 이야기를 올바르게 이해하기 위해 성경을 찾아 천천히 읽습니다. 공과의 내용을 뚜렷하게 알려주는 중심구절도 반복해서 읽고 묵상하도록 합니다. 본문 말씀의 핵심이 되는 6컷 만화는 역할을 맡아 읽거나 플래시 애니메이션을 보면 더욱 재미있게 읽을 수 있습니다. 만화 속에서는 말씀 다지기의 답(빨간 글씨)도 찾을 수 있도록 표시되어 있습니다.

• 말씀배우기

읽고 쓰기가 어려운 학생들을 위한 질문입니다. 스티커 붙이기, 알맞은 것에 O표, 틀린 것에 X표 하기, 맞는것 찾아 연결하기, 따라쓰기의 질문으로 구성되어 있어 성경말씀에 쉽게 접근할 수 있습니다. 질문은 수준별로 나뉘어 있어 학생 수준에 따라 학생이 풀 수 있는 질문까지 풀도록 합니다.

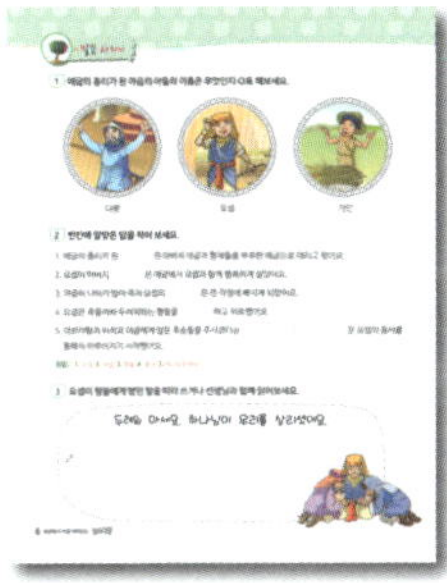

• 말씀다지기

읽고 쓰기가 가능한 학생들을 위한 질문입니다. 질문을 읽고 알맞은 답에 O표 하기, 빈칸에 답적기, 장문쓰기로 구성되어 있어 심화된 수준으로 성경말씀에 접근할 수 있습니다. 질문은 수준별로 나뉘어 있어 학생 수준에 따라 풀 수 있는 질문까지 풀도록 하되, 학생의 특성과 능력에 따라 정답을 보고 따라 적거나 말하는 방법으로 풀이방법을 대체하여 학생이 더욱 적극적으로 참여하도록 합니다.

• 활동하기 / 특별활동

틀린 그림 찾기, 색칠하기, 오리고 붙이고 만들기 등 다양한 활동들로 핵심 내용을 학습하도록 구성하였으며, 학생들의 수준에 따라 활동의 난이도를 교사가 조절하여 학습능력을 최대로 이끌어 줄 수 있도록 구성하였습니다. 또한 4과, 9과, 13과에는 특별활동으로 해당 과의 중심된 내용으로 구성하여 학생들이 핵심 단어나 내용을 마음으로 이해할 수 있도록 오감을 자극하는 만들기로 구성하였습니다.

• 말씀따르기 / 기도하기

학습한 내용을 일상생활에 적용하도록 학생과 약속하는 시간입니다. 말씀 따르기가 예배시간 외의 시간과 장소에서도 이루어질 수 있도록 함께 다짐하고 점검하도록 합니다. 그리고 생활에 적용을 위해 그 날에 배운 공과를 기억하고 하나님 말씀대로 살 수 있도록 기도문을 함께 읽고 기도하며 공과를 마칩니다. 마무리와 함께 학생을 향한 교사의 격려와 응원을 덧붙인다면 최고의 공과가 될 것입니다.

1과 하나님의 약속에 참여한 요셉

소 주 제 : 일꾼과 용서
본문말씀 : 창세기 50장 20절 (전체 : 창세기 50장 15-21절)
중심구절 : 형님들은 저를 해치려고 악을 꾀했지만, 하나님은 지금 보시는 것처럼 그것을 선하게 바꾸셔서 오늘날 많은 사람의 생명을 구하셨습니다.

단어 풀이 기근 먹을 음식이 너무 없어서 매우 굶어 배가 고픈 것

1 음식이 풍성한 애굽에서 행복해하는 요셉과 아버지 그리고 형들을 스티커로 붙여보세요.

2 내용이 맞은 것에 O표, 알맞지 않은 것에 X표를 해보세요.

아버지 야곱이 죽자 형들은

요셉을 두려워했어요.

가난을 두려워했어요.

아버지 야곱이 죽자 요셉은 자신을 팔았던 형들을

감옥에 가두었어요.

용서했어요.

하나님은 형들을 용서한 요셉과 그 형제들을 통해

큰 민족을 이루게 하셨어요.

많은 동물을 기르게 하셨어요.

1 **애굽의 총리가 된 야곱의 아들의 이름은 무엇인지 O표 해보세요.**

다윗 요셉 가인

2 **빈칸에 알맞은 답을 적어 보세요.**

1. 애굽의 총리가 된 □□ 은 아버지 야곱과 형제들을 부유한 애굽으로 데리고 왔어요.
2. 요셉의 아버지 □□ 은 애굽에서 요셉과 함께 행복하게 살았어요.
3. 야곱이 나이가 많아 죽자 요셉의 □□ 은 큰 걱정에 빠지게 되었어요.
4. 요셉은 죽을까봐 두려워하는 형들을 □□ 하고 위로했어요.
5. 아브라함과 이삭과 야곱에게 많은 후손들을 주시겠다는 □□□□ □□ 은 요셉의 용서를 통해서 이루어지기 시작했어요.

정답 1. 요셉 2. 야곱 3. 형들 4. 용서 5. 하나님의 약속

3 **요셉이 형들에게 했던 말을 따라 쓰거나 선생님과 함께 읽어보세요.**

두려워 마세요. 하나님이 우리를 살리셨어요.

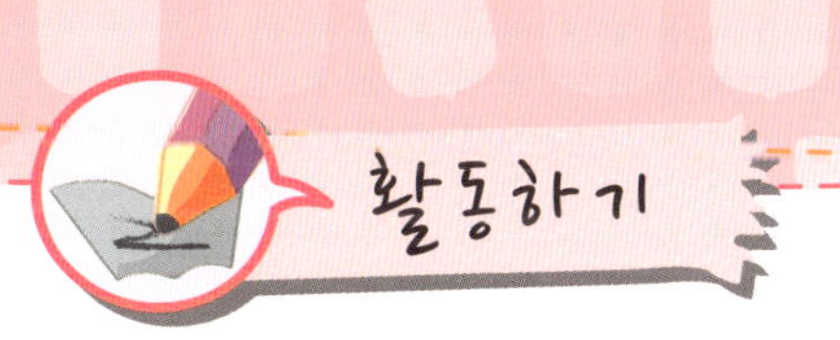

1 음식이 풍성한 애굽에서 기뻐하는 요셉과 아버지 야곱을 색칠해 보세요.

1. 우리는 왜 용서를 해야 하는지를 선생님과 함께 생각해 보세요.
2. 만일 내가 용서해야 할 사람이 있다면 어떻게 해야 되는지를 선생님과 함께 이야기해 보세요.

하나님 아버지, 저를 힘들게 했던 사람들을 용서할 수 있는 마음을 주세요. 예수님의 이름으로 기도드립니다. 아멘.

2과 다시 힘을 얻은 엘리야

소 주 제 : 일꾼과 회복
본문말씀 : 열왕기상 19장 18절 (전체 : 열왕기상 18장 16-46절; 19장 1-21절)
중심구절 : 그러나 내가 바알에게 무릎을 꿇지 않고 입을 맞추지도 않은 사람들 7,000명을 이스라엘에 남겨 두었다.

단어 풀이
대결 어떤 상대와 이기고 지거나 어느 쪽이 옳고 어느 쪽이 잘못되었는지를 가리기 위해 서로 굽히지 않고 맞서 다투는 것
일꾼 어떤 일을 맡아서 능숙하게 잘 처리하는 사람 / **광야** 사람이 없거나 사람이 살기 어려운 넓은 들판

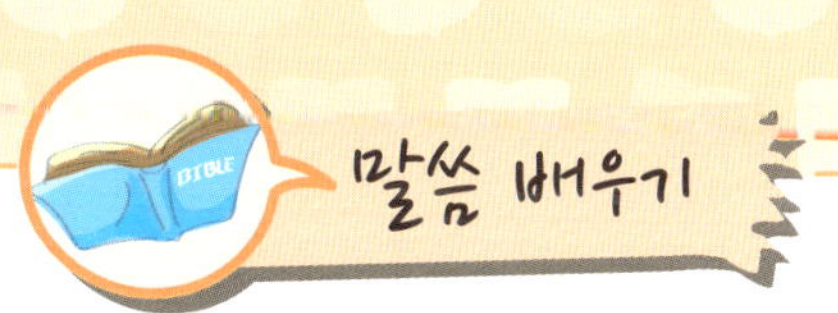

1 하나님의 말씀을 듣고 새 힘을 얻기 전과 후의 엘리야의 모습을 스티커로 붙여보세요.

2 빈 칸에 글을 따라 쓰고 큰 소리로 읽어보세요.

엘리야는

하 나 님 의

말 씀 을 듣고

다시 큰 힘 을 얻었어요.

1 아합 왕과 그의 아내인 이세벨은 무엇을 섬겼는지 O표 해보세요.

예수님

하나님

우상

2 빈칸에 알맞은 답을 적어 보세요.

1. 아합 왕과 그의 아내인 이세벨 여왕은 하나님이 싫어하시는 ☐☐을 섬겼어요.
2. 하나님의 일꾼인 엘리야는 갈멜산에서 바알 우상의 일꾼 450명과 대결하여 ☐☐했어요.
3. 우상을 섬기던 이세벨은 승리한 ☐☐☐를 죽이겠다고 소리치며 화를 냈어요.
4. 이세벨을 피해 도망친 엘리야는 지쳐서 로뎀나무 아래서 잠이 들었을 때 천사가 전해준 ☐☐ ☐을 먹고 다시 힘내어 호렙산으로 갔어요.
5. 엘리야는 산을 내려가 하나님의 일꾼들과 함께 열심히 ☐☐☐ ☐☐을 백성들에게 전했어요.

정답 1. 우상 2. 승리 3. 엘리야 4. 떡과 물 5. 하나님 말씀

3 엘리야가 갈멜산에서 외쳤던 말을 따라 쓰거나 선생님과 함께 읽어보세요.

여호와만이 진짜 하나님이시다!

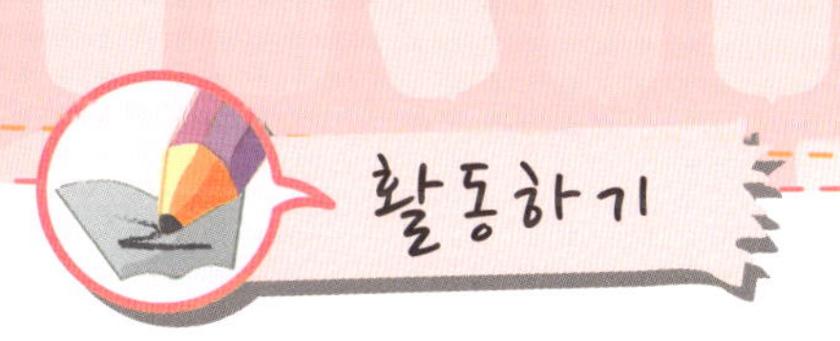

1 위의 그림과 다른 것 5가지를 아래 그림에서 찾아서 ○표 해보세요.

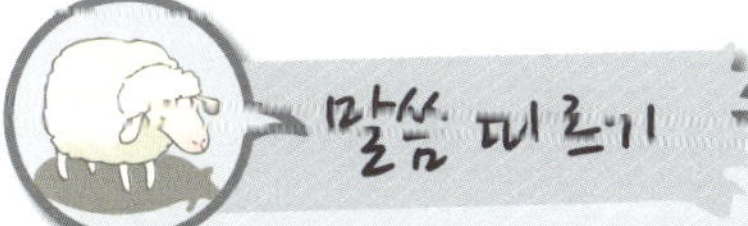

1. 우상을 섬기면 왜 안 되는지를 선생님과 함께 생각해 보세요.
2. 진짜 하나님은 누구를 통해서 알 수 있는지를 선생님과 함께 이야기해 보세요.

기도하기

하나님 아버지, 예수님을 통해 진짜 하나님을 알게 해 주셔서 감사합니다. 예수님의 이름으로 기도드립니다. 아멘.

3과 충성스러운 엘리사

소 주 제 : 일꾼과 충성
본문말씀 : 열왕기하 2장 9절 (전체 : 열왕기하 2장 6-22절)
중심구절 : 강을 다 건너간 뒤 엘리야가 엘리사에게 말했습니다. "내가 네 곁을 떠나가기 전에 내가 너를 위해 무엇을 해 주기 원하는지 말해 보아라." 엘리사가 대답했습니다. "선생님에게 있는 영이 두 배나 제게 있게 해 주십시오."

단어 풀이 성령이 역사하심 하나님께서 뜻하신 어떤 일을 성령 하나님께서 행하시는 것 / 충성 높은 지위 또는 윗사람 등을 위해 몸과 마음을 다하여 정성을 다하는 것

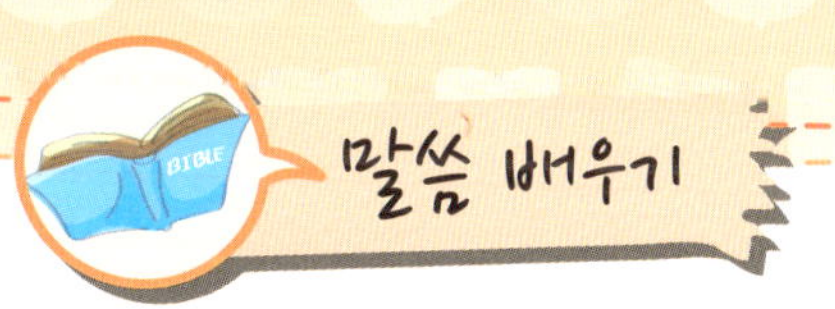

1 하늘로 올라가는 엘리야와 그 모습을 지켜보는 엘리사의 모습을 스티커로 붙여보세요.

2 충성스러운 하나님의 일꾼이 되려고 엘리야에게 열심히 배운 사람이 누구인지 ○표 해 보세요.

빌립 이사야 엘리사

1 엘리사는 무엇이 되고 싶어서 엘리야에게 열심히 배우려했는지 O표 해보세요.

매일 놀기만 하는 게으름뱅이

하나님의 충성스러운 일꾼

힘이 센 군인

2 빈칸에 알맞은 답을 적어 보세요.

1. □□□는 충성스러운 하나님의 일꾼이 되려고 엘리야 선생님에게서 열심히 배웠어요.
2. 엘리야는 하나님의 명령으로 □□□에 가야만 했어요.
3. 엘리사는 다른 제자들과는 달리 □□□ 선생님을 끝까지 따라갔어요.
4. 엘리사는 엘리야 선생님에게 성령이 하시는 역사가 자신에게 □ □가 있게 해달라고 했어요.
5. 엘리야 선생님께 열심히 배운 엘리사는 더욱 열심히 □□□ □□을 전했어요.

정답 1. 엘리사 2. 요단강 3. 엘리야 4. 두 배 5. 하나님 말씀

3 엘리사가 엘리야 선생님께 했던 말을 따라 쓰거나 선생님과 함께 읽어보세요.

성령이 하시는 역사가
내게 두 배나 있게 해주세요.

1 왼쪽의 모습과 같은 모양이 있는 그림을 찾아 선을 긋고 무슨 그림인지 이야기해보세요.

말씀 따르기

1. 엘리사는 왜 엘리야 선생님을 열심히 따라다녔는지를 선생님과 함께 이야기해 보세요.
2. 엘리야 선생님을 열심히 따라다닌 엘리사는 어떤 일꾼이 되었나요.

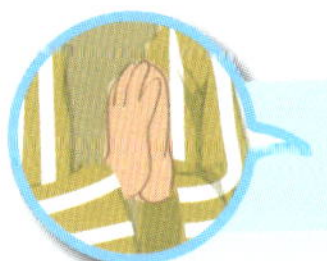

기도하기

하나님 아버지, 하나님 말씀을 열심히 배워서 하나님의 충성된 일꾼이 되게 해주세요. 예수님의 이름으로 기도드립니다. 아멘.

4과 믿음의 제사를 드린 아벨

소 주 제 : 일꾼과 예배

본문말씀 : 히브리서 11상 4절 (전체 : 창세기 4장 1-10절)

중심구절 : 믿음으로 아벨은 가인보다 더 나은 제사를 하나님께 드렸고 이로써 그는 의롭다는 인정을 받았습니다. 하나님께서 그의 예물에 대해 인정해 주셨습니다. 그는 죽었지만 믿음으로 여전히 말하고 있습니다.

③ 시간이 흐른 후에 가인과 아벨은 하나님께 제사를 드렸어요. 가인은 농사를 지어 얻은 곡식을 드렸고 아벨은 양의 첫 새끼와 그 기름으로 제사를 드렸어요.

제가 좋아하는 제물이니 받아주세요!

하나님께서 원하시는 제물을 가져왔어요~

단어 풀이 제물 제사에 쓰는 여러 가지 음식이나 동물 등 / 제사 죄의 회개를 나타내 보이기 위한 제물이나 감사의 예물을 하나님께 드리는 의식

<활동하기!> 믿음의 제사를 드린 아벨

점선을 따라 살짝 접은 후 잘라당겨 주세요.

안으로 접는 선

바깥으로 접는 선

자르는 선

믿음의 제사를 드린 아벨

믿음

풀 칠하는 곳

풀 칠하는 곳

〈만드는 순서〉

1.  먼저 밑바탕의 그림들을 오려주세요.

2.  그림의 라인대로 오리기와 접기, 풀칠을 해서 바탕 모양을 만들어 줍니다. 그리고 믿음이라고 따라 써 줍니다.

3.  

오린 그림을 붙여가며 공과의 말씀을 한 번 더 복습하고 기도로 마칩니다.

* 완성된 활동을 통해 다른 친구들과 가족들에게 학생들이 전할 수 있도록 지도해 주시면 좋겠습니다.
* 종이가 두꺼워서 접는 활동이 어려울 수 있습니다. 접는 선을 커터칼 등 부분을 사용하여 선을 그어 주면 좀 더 쉽게 접을 수 있습니다.

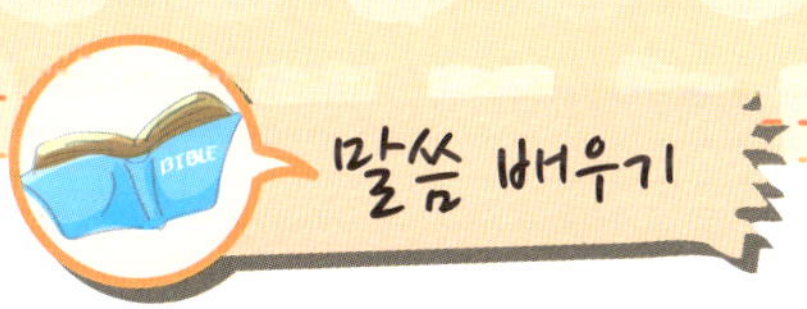

1 아담과 하와의 두 아들인 가인과 아벨을 스티커로 붙여보세요.

2 빈칸에 알맞은 답을 적어 보세요.

1. 아담과 하와는 에덴동산에서 쫓겨난 후에 □ □□을 낳게 되었어요.
2. 첫째 아들은 □□이었고 둘째 아들은 □□이었어요.
3. 가인은 □□으로 그리고 아벨은 □의 첫 새끼와 그 기름으로 하나님께 제사를 드렸어요.
4. 하나님께서 아벨의 □□의 제사는 받으셨지만 믿음이 없는 가인의 제사는 받지 않으셨어요.
5. 하나님의 일꾼은 예수님을 믿음으로 하나님께 □□를 드리는 사람이에요.

정답 1. 두 아들 2. 가인, 아벨 3. 곡식, 양 4. 믿음 5. 예배

말씀 따르기

1. 믿음의 예배는 누구를 기억하는 예배인지를 선생님과 함께 이야기해 보세요.
2. 예배는 어떤 마음과 자세로 하나님께 드려야 하는지를 선생님과 함께 생각해 보세요.

기도하기

하나님 아버지, 예수님을 기억하며 믿음으로 하나님께 예배드리겠습니다. 예수님의 이름으로 기도드립니다. 아멘.

5과 하나님이 부르신 이사야

소 주 제 : 일꾼과 부르심

본문말씀 : 이사야 6장 8절 (전체 : 이사야 6장 1-13절)

중심구절 : 그리고 내 주께서 말씀하시는 음성을 들었다. 그분이 말씀하셨다. "내가 누구를 보낼까? 누가 우리를 위해 갈까?" 그래서 내가 말했습니다. "제가 여기 있습니다. 저를 보내 주십시오!"

단어 풀이 **섬김** 상대방을 높여 정성껏 모시는 것 / **보좌** 하나님이 앉으시는 자리 / **거룩** 더러운 것과 서로 나뉘어 떨어져 있는 것

1 높은 보좌에 앉아 계신 하나님을 만난 이사야의 모습을 스티커로 붙여보세요.

2 하나님의 일꾼이 된 이사야가 사람들에게 전한 말을 따라 써보세요.

우리를 구 원 하실

메 시 야 가

곧 오실거예요!

1 남 유다에 하나님을 잘 섬기던 하나님의 일꾼은 누구인지 O표 해보세요.

이세벨　　이사야　　아담

2 빈칸에 알맞은 답을 적어 보세요.

1. 남 유다에 하나님을 잘 섬기는 ☐☐☐ 라는 하나님의 일꾼이 살고 있었어요.
2. 이사야는 높은 보좌에 앉아 계신 ☐☐☐ 을 만나게 되었어요.
3. 한 천사가 ☐☐ 을 들고 와서 이사야의 입술에 대고 그의 죄가 용서되었다고 말했어요.
4. 하나님께서 일꾼을 찾고 계신다는 음성을 들은 이사야는 자신이 ☐☐☐☐ ☐☐ 이 되겠다고 했어요.
5. 이사야는 ☐☐☐ 이신 예수님이 곧 오실 것이라고 사람들에게 전했어요.

정답 1. 이사야 2. 하나님 3. 숯불 4. 하나님의 일꾼 5. 메시야

3 이사야가 하나님께 드린 말씀을 따라 쓰거나 선생님과 함께 읽어보세요.

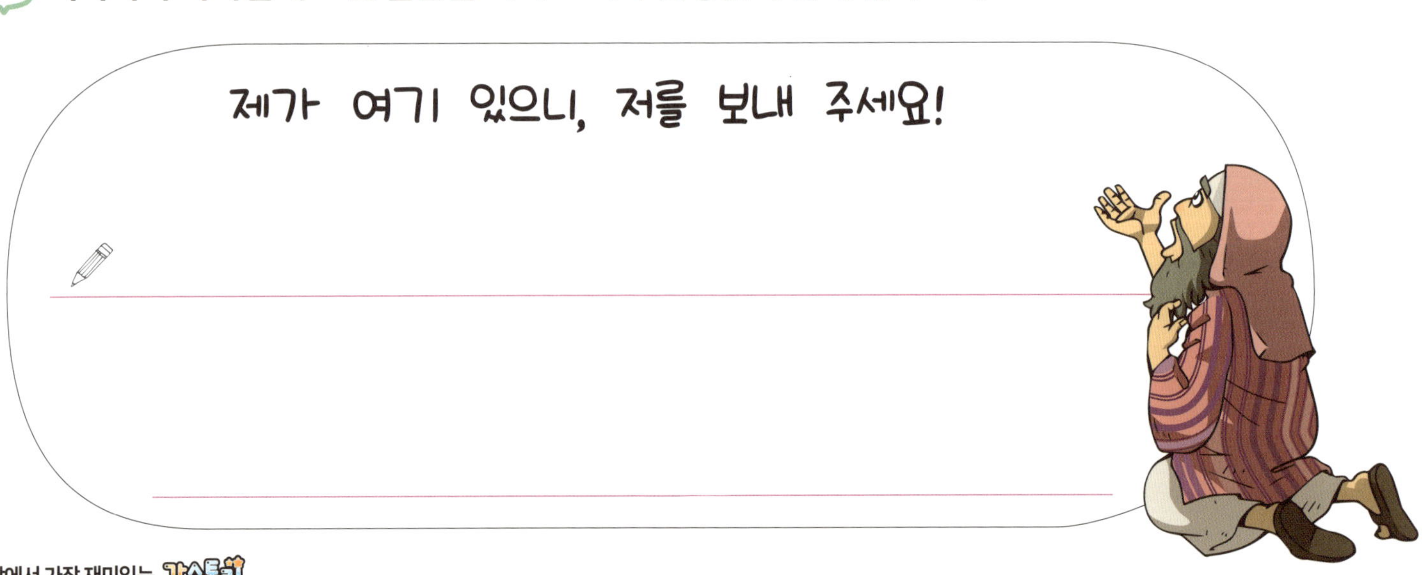

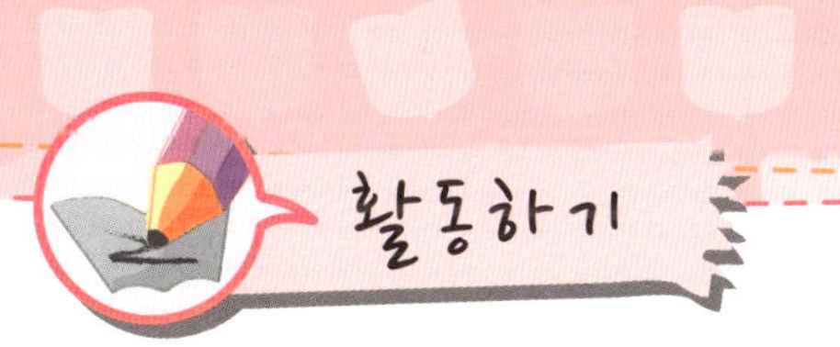

활동하기

1 히나님의 일꾼이 된 이사야가 사람들에게 말씀을 전하고 있는 곳으로 길을 따라가 보세요.

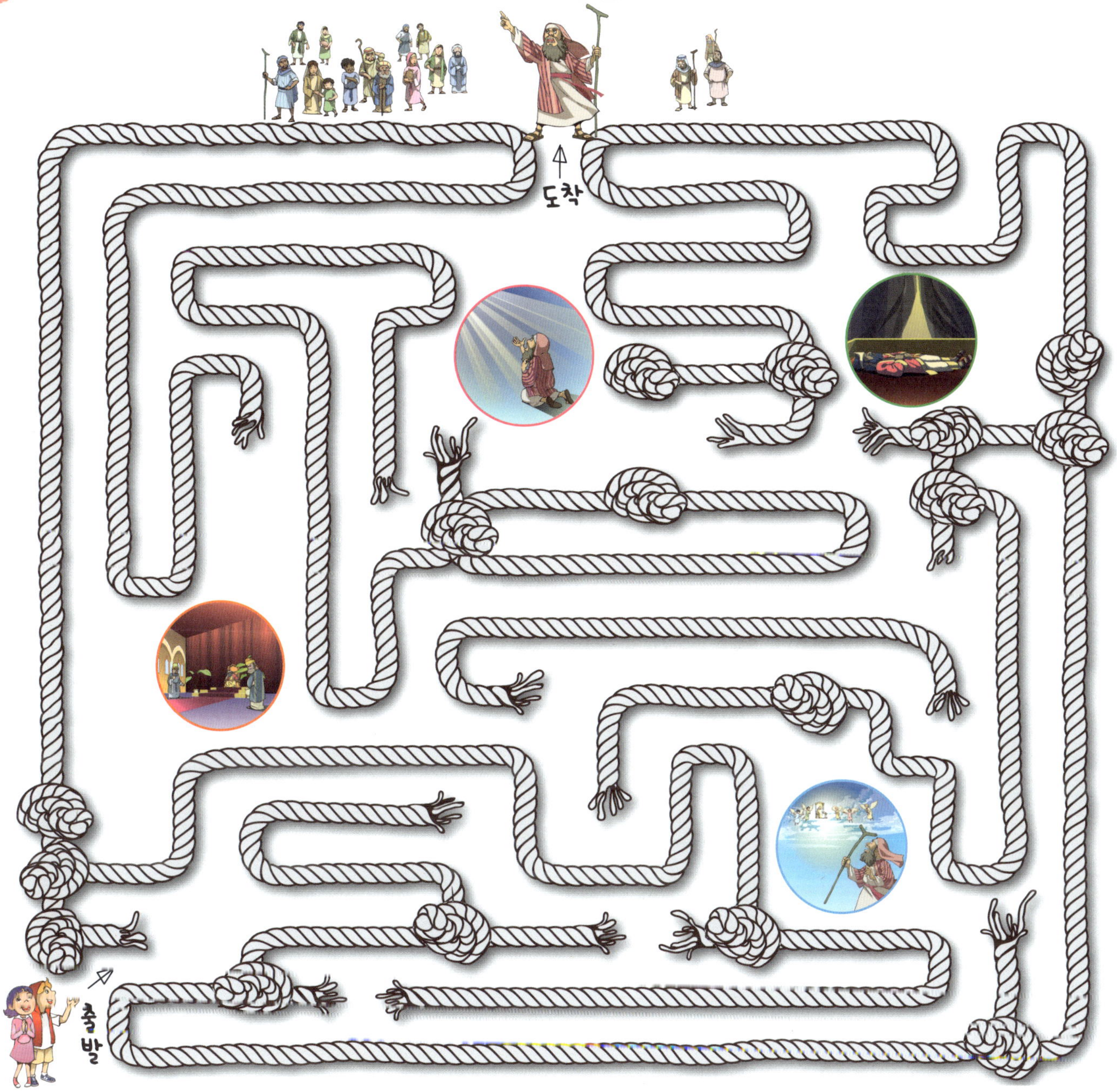

도착

출발

말씀 따르기

1. 거룩하신 하나님을 만난 이사야는 왜 두려워 떨었는지를 선생님과 함께 이야기해 보세요.
2. 죄를 용서받은 일꾼은 누구의 말씀에 순종하는지를 선생님과 함께 생각해 보세요.

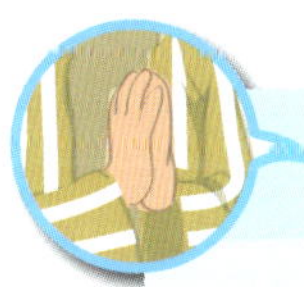

기도하기

하나님 아버지, 저를 하나님의 거룩한 일꾼으로 사용해 주세요. 예수님의 이름으로 기도드립니다. 아멘.

6과 기도로 답을 찾은 하박국

소 주 제 : 일꾼과 기도
본문말씀 : 하박국 2장 4절 (전체 : 하박국 1장 1절-2장 20절)
중심구절 : 보아라. 마음이 교만한 사람은 의롭지 않다. 그러나 의인은 그의 믿음으로 살 것이다.

❶ 이스라엘에 하박국이라는 하나님의 일꾼이 있었어요. 그는 바벨론이 이스라엘을 공격하려고 하던 때에 그리고 나쁜 사람들이 잘살고 있던 힘든 때에 살고 있었어요.

❷ 하박국은 하나님을 잘 믿는 사람들은 못 살고 오히려 하나님을 믿지 않는 사람들이 잘사는 것을 보고 너무 화가 났어요.

❸ 하박국은 왜 이런 일이 생긴 것인지 너무 궁금해서 하나님께 물어보기로 했어요.

❹ 하박국은 하나님께 기도하며 세상이 왜 이렇게 엉망진창인지 물어보았어요.

❺ 그때, 하나님께서 하박국의 기도에 응답을 해주셨어요.

❻ 하박국은 불순종하는 부자보다는 하나님께 순종하는 믿음으로 사는 것이 하나님의 일꾼이라는 것을 깨달았어요.

단어 풀이

올바른 사람으로서 지켜야 할 바른 말, 바른 행동, 그리고 바른 생각을 하는 것
교만 잘난 체하며 건방진 태도로 자기 자신을 스스로 높이는 것

1 하박국이 무엇 때문에 화가 났는지 그 이유를 스티커로 붙여보세요.

2 하나님이 하박국의 기도를 들으시고 응답하신 말씀을 찾아 선을 연결해보세요.

하나님의 일꾼은 믿음으로 사는 것이다.

하나님 말씀을 듣지 않아도 돈만 많으면 된다.

1 하나님께서는 하박국의 무엇에 응답해 주셨는지 O표 해보세요.

기도 전화 이메일

2 빈칸에 알맞은 답을 적어 보세요.

1. [ ][ ][ ]은 악한 세상을 보고 화가 났어요.
2. 하박국은 왜 세상이 엉망진창인지를 하나님께 물어보려고 [ ][ ]했어요.
3. 하나님께서는 하박국의 기도에 [ ][ ]해 주셨어요.
4. 하나님께서는 올바른 사람은 [ ][ ]으로 사는 것이라고 말씀하셨어요.
5. 하박국은 믿음을 주신 하나님께 [ ][ ]드렸어요.

정답 1. 하박국 2. 기도 3. 응답 4. 믿음 5. 감사

3 하나님께서 하박국에게 하신 말씀을 따라 쓰거나 선생님과 함께 읽어보세요.

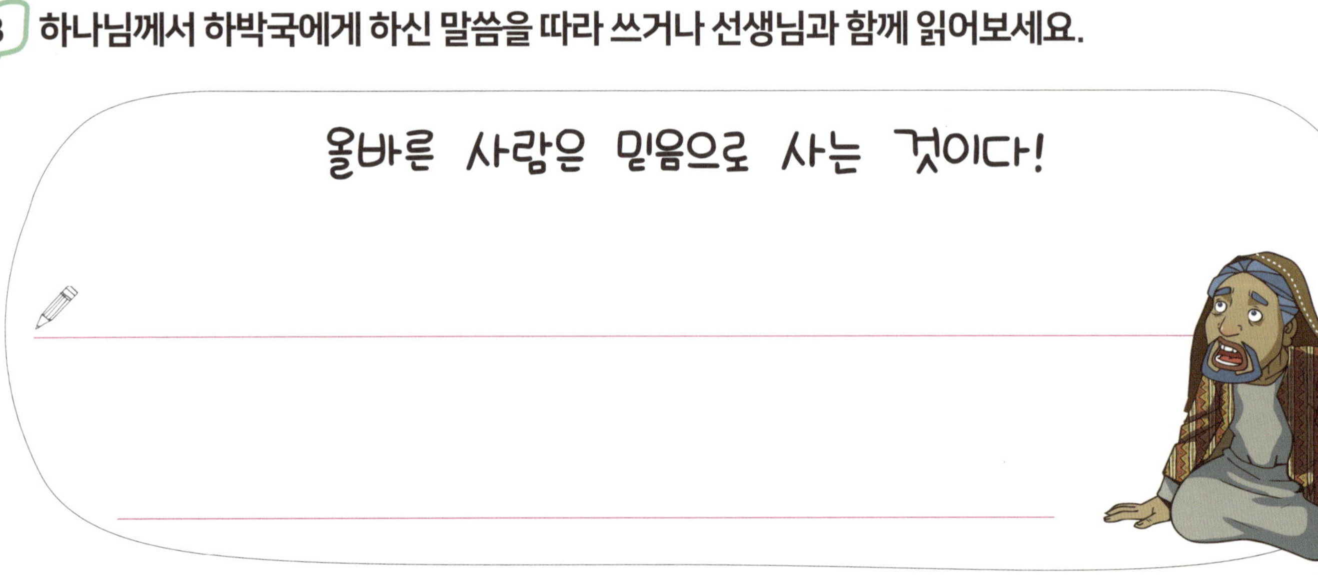

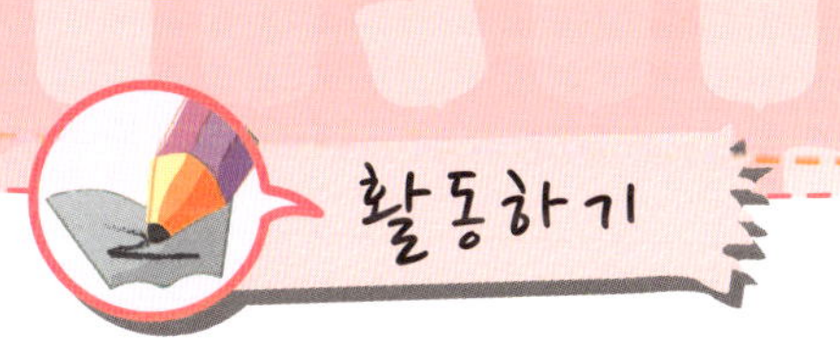

1 기쁜 표정으로 하나님께 감사의 찬양을 드리는 하박국의 모습을 색칠해 보세요.

1. 이해할 수 없는 일이 생겼을 때에는 누구에게 물어봐야 할지 선생님과 함께 생각해 보세요.
2. 올바른 사람이 되려면 어떻게 해야 하는지를 선생님과 함께 이야기해 보세요.

하나님 아버지, 저에게 믿음을 주셔서 감사합니다. 주님의 뜻에 따라서 올바르게 살게 해주세요. 예수님의 이름으로 기도드립니다. 아멘.

7과 장애를 통해 승리한 에훗

소 주 제 : 일꾼과 장애
본문말씀 : 사사기 3장 30절 (전체 : 사사기 3장 14-30절)
중심구절 : 그날 모압은 이스라엘의 손에 굴복했고 그 땅이 80년 동안 평온했습니다.

단어 풀이 **비밀** 누군가에게 알리지 않고 숨기는 일 / **악당** 나쁜 짓을 하는 사람 / **방심** 조심하지 않고 긴장이 풀어져 느슨해진 것
평안 고통스럽거나 슬프거나 나쁜 일이 없어 기쁘고 즐거운 것

1 히나님께 기도하는 이스라엘 사람들과 하나님이 보내신 일꾼 에훗을 스티커로 붙여보세요.

2 내용이 맞은 것에 O표, 알맞지 않은 것에 X표를 해보세요.

하나님께서는 이스라엘 사람들을 구해 줄

을 보내셨어요.

왼손잡이 에훗

힘이 센 골리앗

하나님의 일꾼 에훗이 못된

이스라엘이 80년 동안 평안했어요.

에글론과 친해져서

에글론을 죽여서

1 모압 왕 에글론에게 괴롭힘을 당한 이스라엘 사람들은 누구에게 도와달라고 기도했는지 O표 해보세요.

우상

하나님

장군

2 빈칸에 알맞은 답을 적어 보세요.

1. 모압 왕 에글론은 이스라엘을 쳐들어와서 ☐☐ 동안 이스라엘 사람들을 괴롭혔어요.
2. 이스라엘 사람들은 하나님께 도와 달라고 ☐☐를 했어요.
3. 하나님께서는 이스라엘 사람들을 구해줄 ☐☐을 보내셨어요.
4. 오른손에 ☐☐를 가진 왼손잡이였던 에훗은 모압 왕 에글론을 찾아갔어요.
5. 에훗은 이스라엘을 괴롭혔던 에글론을 죽였어요. 그리고 이스라엘은 80년 동안 ☐☐했어요.

정답 1. 18년 2. 기도 3. 에훗 4. 장애 5. 평안

3 이스라엘 사람들이 하나님께 드렸던 기도를 따라 쓰거나 선생님과 함께 읽어보세요.

저희를 용서하시고 제발 도와주세요!

1 그림에 숨어있는 하나님의 일꾼 에훗의 모습 5개를 찾아 O표 해보세요.

1. 하나님은 이스라엘을 도우시기 위해 에훗의 어떤 점을 사용하셨는지 선생님과 함께 생각해 보세요.
2. 하나님은 나의 어떤 점을 사용하고 싶어 하시는지 선생님과 함께 이야기해 보세요.

하나님 아버지, 저를 주님의 착한 일꾼으로 사용하여 주세요. 예수님의 이름으로 기도드립니다. 아멘.

8과 사랑을 가르쳐주신 예수님

소 주 제 : 일꾼과 사랑
본문말씀 : 마태복음 5장 44절 (전체 : 마태복음 5장 43-48절)
중심구절 : 그러나 나는 너희에게 말한다. 너희 원수를 사랑하고 너희를 핍박하는 사람을 위해 기도하라.

단어 풀이 온전한 어떤 것이 변하지 않고 원래 그대로 있는 것 / 원수 누군가를 싸움의 대상으로 정하여 해치려고 하는 마음을 가진 사람(들)

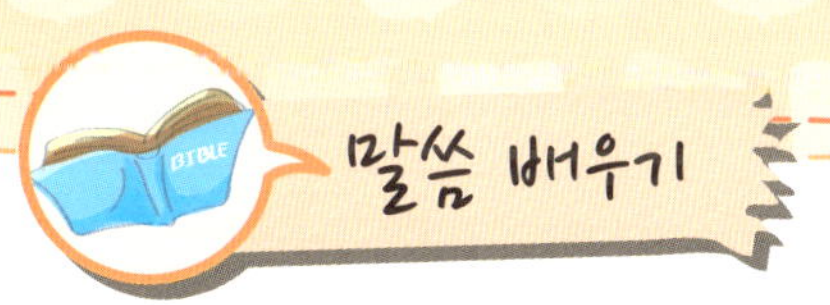

1 예수님의 사랑을 생각하며 감사하는 학생들과 예수님을 스티커로 붙여보세요.

2 예수님께서 제자들에게 하셨던 말씀을 따라 써보세요.

1 하나님은 어떤 사람을 사랑하시는지 맞는 것에 O표 해보세요.

돈 많은 사람만 사랑하심

똑똑한 사람만 사랑하심

모든 사람을 사랑하심

2 빈칸에 알맞은 답을 적어 보세요.

1. 하나님은 모든 사람을 사랑하세요. 착한 사람만 사랑하는 것은 온전한 □□이 아니에요.
2. 예수님은 제자들에게 □□까지도 사랑하라고 가르치셨어요.
3. 나를 사랑해 주는 사람만 사랑한다면 그 누구도 하나님께 □을 받지 못해요.
4. 하늘에 계신 □□□ 아버지가 온전하신 것처럼 하나님의 일꾼도 온전해야 돼요.
5. 하나님의 일꾼은 □□□처럼 좋은 사람뿐만이 아니라 미워하는 원수까지 사랑하는 사람이에요.

정답 1. 사랑 2. 원수 3. 상 4. 하나님 5. 예수님

3 예수님께서 제자들에게 하셨던 말씀을 따라 쓰거나 선생님과 함께 읽어보세요.

너희를 미워하는 원수까지도 사랑하라.

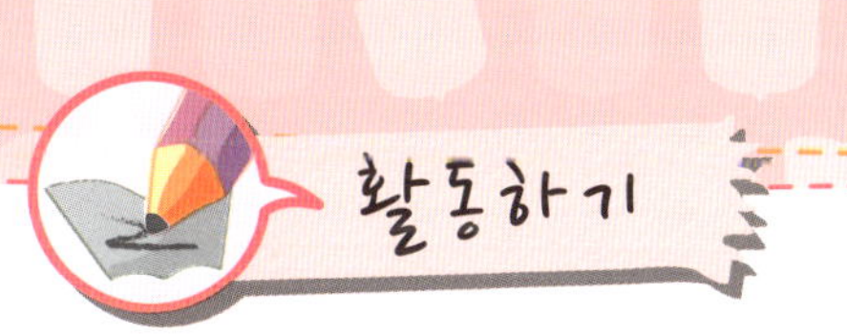

1 1,2,3 숫자의 줄을 따라가서 예수님이 가르쳐 주신 사랑의 내용이 맞으면 ○표 틀리면 X표를 해보세요.

①

②

③

나쁜사람은 사랑하지 않고 착한 사람만 사랑해요.

하나님은 모든 사람을 사랑하세요.

미워하는 원수까지도 사랑해야해요.

말씀 따르기

1. 나는 누구를 가장 사랑하고 있는지를 선생님과 함께 이야기해 보세요.
2. 예수님처럼 사랑하려면 어떻게 해야 할지를 선생님과 함께 생각해 보세요.

기도하기

하나님 아버지, 나를 사랑하는 사람뿐만이 아니라 나를 미워하는 사람까지도 사랑할 수 있도록 도와주세요. 예수님의 이름으로 기도드립니다. 아멘.

9과 하나님의 명령에 순종한 요나

소 주 제 : 일꾼과 순종

본무말씀 : 요나 3장 2, 3절 (전체 : 요나 1장 1절-3장 10절)

중심구절 : "일어나 저 큰 성읍 니느웨로 가서 내가 네게 전하는 이 말을 선포하여라." 요나는 여호와의 말씀에 순종해 니느웨로 갔습니다. 그때 니느웨는 통과하는 데만 걸어서 3일이 걸리는 아주 큰 성읍이었습니다.

단어 풀이 못마땅하다 마음에 들지 않아 기분이 좋지 않다 / 회개 죄나 잘못을 뉘우치고 마음을 새롭게 하여 하나님 뜻에 따르는 새로운 시작

하나님의 명령에 순종한 요나

점선을 따라 살짝 접은 후 잡아당겨 주세요.

안으로 접는 선

바깥으로 접는 선

자르는 선

풀 칠하는 곳

요나는
하나님 명령에 순종하여
니느웨 사람들에게
하나님 말씀을 전했어요.

요나는
하나님께
잘못을
회개했어요.

〈만드는 법〉

1. 
책에서 활동지를 분리하고 그림의 모양대로 모두 오려줍니다.

2. 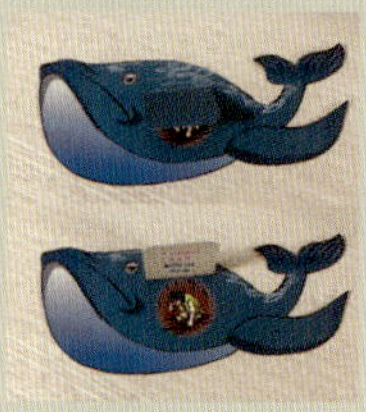 
고래 배부분 요나 그림 위에 뚜껑을 붙여 줍니다.

3. 
고래를 입체적으로 보이게 하기위해 종이를 그림과 같이 접어 바탕에 붙여줍니다.

4. 

완성된 그림을 가지고 말씀을 한 번 더 복습하고 기도로 마칩니다.

* 완성된 활동을 통해 다른 친구들과 가족들에게 학생들이 전할 수 있도록 지도해 주시면 좋겠습니다.
* 종이가 두꺼워서 접는 활동이 어려울 수 있습니다. 접는 선을 커터칼 등 부분을 사용하여 선을 그어 주면 좀 더 쉽게 접을 수 있습니다.

1 **다시스로 도망가던 요나와 다시 니느웨로 가서 말씀을 전하는 요나의 모습을 스티커로 붙여보세요.**

1 **빈칸에 알맞은 답을 적어 보세요.**

1. 앗수르는 이스라엘을 괴롭히는 나쁜 나라여서 □□는 앗수르 사람들이 너무 싫었어요.
2. 하나님은 요나에게 앗수르에서 가장 큰 도시인 니느웨에 가서 □□□ □□을 전하라고 하셨어요.
3. 요나는 하나님 몰래 다시스로 도망가다가 하나님이 보내신 □ □□□ 뱃속에 갇히게 되었어요.
4. 큰 물고기에 갇힌 요나는 하나님께 □□를 구했어요.
5. 결국 요나는 니느웨에 가서 하나님 말씀을 전했고, 니느웨 사람들은 그 말씀을 듣고 하나님께 □□했어요.

정답 1. 요나 2. 하나님 말씀 3. 큰 물고기 4. 용서 5. 회개

말씀 따르기

1. 요나가 무슨 잘못을 했었는지를 선생님과 함께 생각해 보세요.
2. 하나님께서는 용서를 구하는 사람에게 어떻게 하시는지를 선생님과 함께 이야기해 보세요.

기도하기

하나님 아버지, 하나님 말씀에 순종하는 하나님의 일꾼이 되게 해주세요. 예수님의 이름으로 기도드립니다. 아멘.

10과 어려움을 이겨낸 나사로

소 주 제 : 일꾼과 사명
본문말씀 : 누가복음 16장 25절 (전체 : 누가복음 16장 19-26절)
중심구절 : 그러자 아브라함이 대답했다. '얘야, 네가 살아 있을 때를 기억해 보아라. 네가 온갖 좋은 것을 다 받는 동안 나사로는 온갖 나쁜 것만 다 겪었다. 그러나 지금은 그가 여기서 위로를 받고 너는 고통을 받는다.

❹ 부자는 죽은 후에 지옥의 뜨거운 불 속에서 고통을 받았어요. 그런데 거지 나사로는 하나님 나라에서 아브라함의 품에 안겨 위로를 받으며 행복하게 살았어요.

아브라함이여! 여기는 뜨거운 불 때문에 너무 고통스러워요. 물 한 방울만이라도 주세요...

❺ 아브라함은 부자는 땅에서 살 때 온갖 좋은 것을 누렸고 나사로는 고난을 받았기 때문에 이제부터 나사로는 하나님 나라에서 위로를 받고 부자는 지옥에서 고통을 받는다고 말했어요.

살려주세요! 여긴 너무 뜨거워요!

부자야, 이젠 네가 고통받을 차례다. 너희와 우리 사이는 너무 멀어서 오고 갈 수도 없어!

단어 풀이
고생 어렵고 힘든 일을 겪음 / **흥청망청** 대수롭지 않게 생각하여 우쭐하여 잘난 체하며 버릇없이 마음껏 즐기는 모습
위로 다른 사람의 괴로움이나 슬픔을 달래 주려고 따뜻한 말이나 행동을 베푸는 것 / **어려움** 어떤 일이 복잡하고 까다로워 하기가 힘든 것

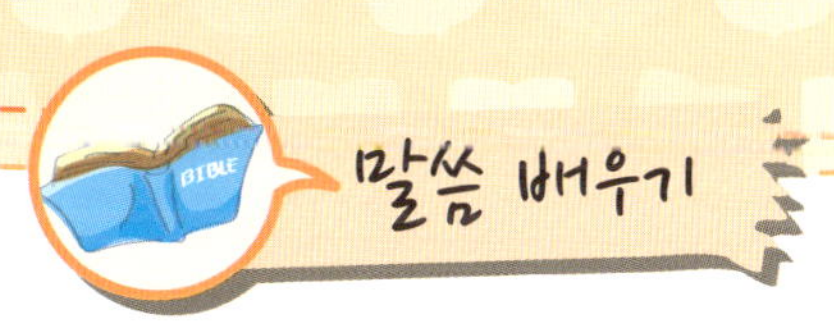

1 아브라함 품에 있는 나사로와 뜨거운 불 속에서 고통 받는 부자의 모습을 스티커로 붙여보세요.

2 거지 나사로와 부자의 이야기가 맞는 것을 찾아 줄을 그어 연결해보세요.

믿음 없이
흥청망청 산 부자

하나님 나라에서 위로받음

믿음을 지키며 어려움을
참고 이긴 나사로

지옥에서 고통을 받음

1 믿음을 지키며 어려움을 참고 이겨낸 거지의 이름은 무엇인지 O표 해보세요.

나사로

기드온

바디메오

2 빈칸에 알맞은 답을 적어 보세요.

1. 예수님께서 제자들에게 한 □□□ □□ 나사로의 이야기를 해 주셨어요.
2. 한 부자는 날마다 호화롭게 살았지만 거지 □□□는 고생하며 살았어요.
3. 죽은 후, 부자는 지옥에 가서 고통 받고 거지 나사로는 □□□ □□에서 행복했어요.
4. 거지 나사로는 하나님 나라에서 □□□□의 품에 안겨 위로를 받았어요.
5. 거지 나사로는 □□을 지키려고 어려움을 참고 이겨내서 하나님 나라에 가서 위로를 받을 수 있었어요.

정답 1. 부자와 거지 2. 나사로 3. 하나님 나라 4. 아브라함 5. 믿음

3 아브라함이 부자에게 했던 말을 따라 쓰거나 선생님과 함께 읽어보세요.

고생한 나사로는 하나님 나라에서 위로를 받는다.

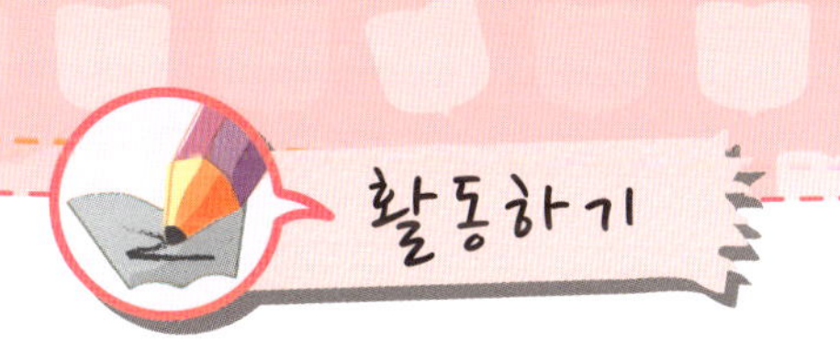

1 아브라함과 나사로가 행복하게 살고 있는 하나님 나라로 길을 찾아가보세요

출발

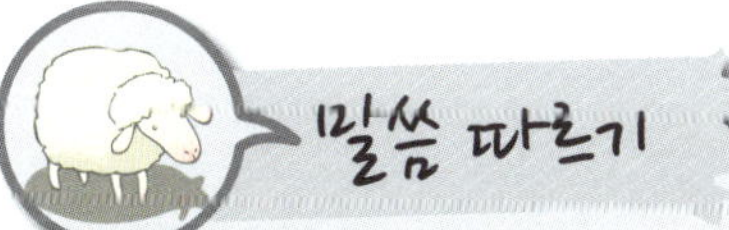

1. 고생한 거지 나사로는 왜 하나님 나라에 갔는지 선생님과 함께 이야기해 보세요.
2. 아무리 어렵고 힘들어도 우리가 지켜야 할 것이 무엇인지를 선생님과 함께 생각해 보세요.

하나님 아버지, 어떠한 어려움이 있어도 하나님만을 섬기는 믿음을 지킬 수 있도록 도와주세요. 예수님의 이름으로 기도드립니다. 아멘.

11과 성령의 충만함을 받은 빌립

소 주 제 : 일꾼과 성령
본문말씀 : 사도행전 2장 4절 (전체 : 요한복음 1장 43-51질; 14장 8-11절; 사도행전 1장 13절-2장 47절)
중심구절 : 그러자 모두 성령으로 충만함을 받고 성령께서 그들에게 말하게 하심을 따라 그들이 다른 방언으로 말하기 시작했습니다.

단어 풀이
선지자 아기 예수님이 이 땅에 태어나기 전에 나타나 하나님 말씀을 전한 사람 / **담대함** 씩씩하고 겁 없이 용감한 것
메시아 '기름 부음을 받은 자'라는 뜻으로써 구세주이신 예수 그리스도를 가리키는 이름

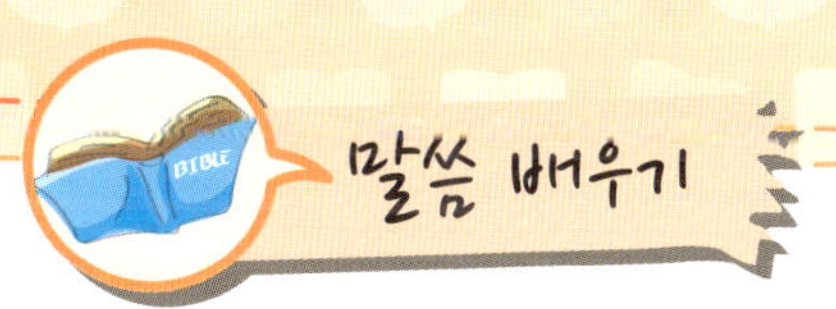

1 다락방에서 기도하다 성령을 받은 빌립과 제자들의 모습을 스티커로 붙여보세요.

2 성령을 받은 빌립의 변화된 모습으로 맞는 것을 찾아 선을 연결해보세요.

성령을 받은 빌립은

계속 믿지 못하고 의심했어요.

담대한 모습으로 예수님을 전했어요.

1 예수님께 하나님을 보여 달라고 말한 제자는 누구인지 O표 해보세요.

도마 빌립 베드로

2 빈칸에 알맞은 답을 적어 보세요.

1. 예수님은 갈릴리로 가시려다 ☐☐ 을 만나 “나를 따르라”라고 말씀하셨어요.
2. 예수님을 만난 빌립은 너무 기뻐서 친구 ☐☐☐☐ 을 예수님께 데리고 갔어요.
3. 빌립은 예수님이 ☐☐☐ 이신 것을 확실히 믿지 못하여 자주 실수를 하기도 했어요.
4. 예수님께서 하늘로 올라가신 후, 빌립은 제자들과 함께 ☐☐ 를 하다가 성령을 받았어요.
5. ☐☐ 을 받은 빌립은 이전과는 달리 확실하게 예수 그리스도를 사람들에게 전했어요.

정답 1. 빌립 2. 나다나엘 3. 메시아 4. 기도 5. 성령

3 예수님께서 빌립에게 하셨던 말씀을 따라 쓰거나 선생님과 함께 읽어보세요.

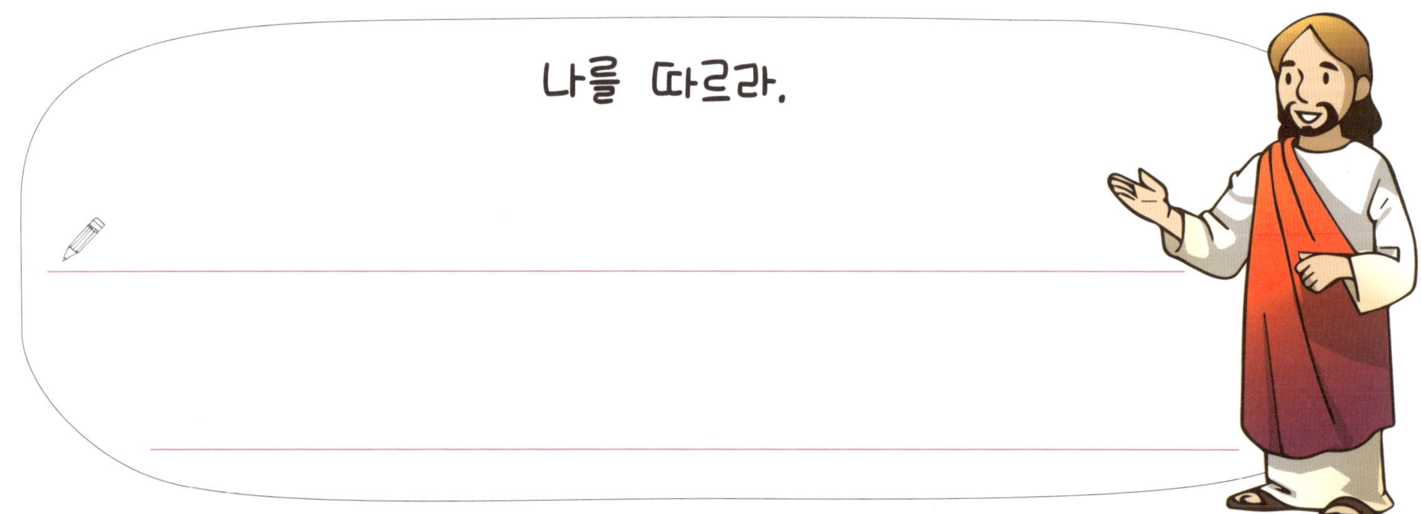

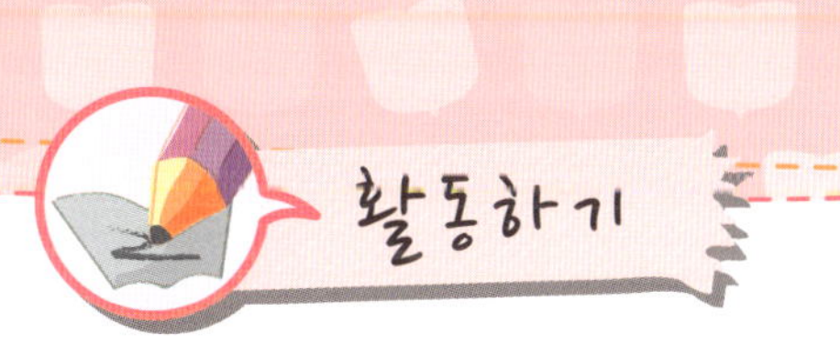

1 빌립이 제자들과 함께 기도를 하다가 받은 성령 불을 색종이로 찢어 붙여보세요.

1. 빌립은 예수님의 제자가 된 이후에도 왜 자주 실수를 하였는지를 선생님과 함께 이야기해 보세요.
2. 확실한 믿음이 약해질 때에는 어떻게 해야 할지 선생님과 함께 생각해 보세요.

기도하기

하나님 아버지, 예수님이 그리스도이시고 살아계신 하나님의 아들이심을 믿습니다. 예수님의 이름으로 기도드립니다. 아멘.

끝까지 함께한 아리스다고

소 주 제 : 일꾼과 동역
본문말씀 : 골로새서 4장 10절 (전체 : 사도행전 19장 29절, 20장 4절, 27장 2절, 골로새서 4장 10절, 빌레몬서 1장 24절)
중심구절 : 나와 함께 감옥에 갇혀 있는 아리스다고와 바나바의 사촌 마가가 여러분에게 안부를 전합니다.

단어 풀이 **사도** 하나님 나라의 복음을 전하기 위해서 예수님으로부터 특별히 세상으로 보냄을 받은 하나님의 일꾼

1 바울 사도가 전하는 복음을 듣기 전과 후의 아리스다고 모습을 스티커로 붙여주세요.

2 내용이 맞은 것에 O표, 알맞지 않은 것에 X표를 해보세요.

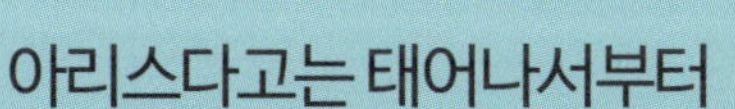
아리스다고는 태어나서부터

우상을

예수님을

믿는 사람이었어요.

아리스다고는

엘리야가

바울 사도가

전하는 복음을 듣게 되었어요.

아리스다고는 바울 사도가 전해 준 복음을 듣고

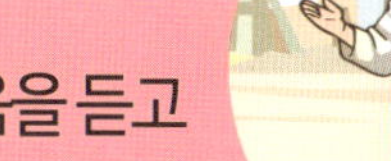

예수님을

바울 사도를

믿었어요.

1 데살로니가에서 태어난 아리스다고는 그곳에서 무엇을 섬겼던 사람인지 O표 해보세요.

우상

예수님

바울

2 빈칸에 알맞은 답을 적어 보세요.

1. 우상을 섬기던 아리스다고는 바울 사도가 전하는 ☐☐ 을 듣게 되었어요.
2. 아리스다고는 바울 사도가 전해준 복음을 듣고 ☐☐☐☐☐ 이 되었어요.
3. 아리스다고는 예수님을 믿은 후에 ☐☐ 사도를 도와 사람들에게 복음을 전했어요.
4. 바울 사도가 ☐☐ 에 갇힐 때에도 아리스다고는 끝까지 바울과 함께 했어요.
5. 아리스다고는 바울 사도를 도와 복음을 전한 ☐☐☐☐ ☐☐ 이었어요.

정답 1. 복음 2. 그리스도인 3. 바울 4. 감옥 5. 하나님의 일꾼

3 아래의 글을 따라 쓰거나 선생님과 함께 읽어보세요.

우리 함께 복음을 전해요!

1 내가 들은 복음을 전해야 할 사람을 생각하며 그 이름을 적고 하트를 색칠해보세요.

1. 우상을 섬기던 아리스다고는 어떻게 예수님을 믿게 되었는지 이야기해 보세요.
2. 내가 들은 복음을 또 누구에게 전해야 할지를 선생님과 함께 이야기해 보세요.

하나님 아버지, 저도 사람들에게 복음을 전하는 하나님의 좋은 일꾼이 되게 해주세요. 예수님의 이름으로 기도드립니다. 아멘.

13과 예수님을 본받은 바울

소 주 제 : 일꾼과 성화
본문말씀 : 에베소서 5장 1절 (전체 : 에베소서 4장 25-32절)
중심구절 : 그러므로 여러분은 사랑을 받는 자녀답게 하나님을 본받는 사람이 되고

단어 풀이 **성도** 하나님 말씀에 따라 예수님을 닮으며 사는 믿음의 사람 / **본받음** 누군가를 좋게 생각하여 그대로 따라서 닮아가는 것

1 바울 사도의 편지를 읽으며 예수님을 본받자고 약속하는 사람들을 스티커로 붙여주세요.

2 내용이 맞은 것에 O표, 알맞지 않은 것에 X표를 해보세요.

바울 사도는 에베소 성도들에게

예수님을

우상을

본받으라고 편지를 썼어요.

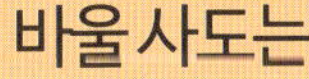
바울 사도는

도둑질을 해서

열심히 일해서

가난한 사람들을 도와주라고 했어요.

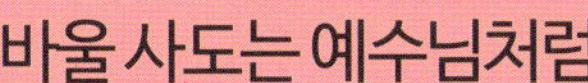
바울 사도는 예수님처럼

용서하고 사랑하라고

화만내고 미워하라고

말했어요.

1 **바울은 에베소 성도들에게 누구를 본받으라고 편지를 썼는지 O표 해보세요.**

도둑질하는 사람

거짓말쟁이들

예수님

2 **빈칸에 알맞은 답을 적어 보세요.**

1. 예수님을 본받으려면 ☐☐☐ 을 하면 안 되고 좋은 말만 해야 돼요.
2. ☐ 가 나도 잘못된 행동을 하면 안 되고 해가 지기 전에 빨리 화를 풀어야만 해요.
3. ☐☐☐ 하지 말고 열심히 일해서 번 돈으로 가난한 사람들을 도와줘요.
4. 예수님께서 우리를 먼저 ☐☐ 하시고 사랑하신 것처럼 우리도 서로 용서하고 사랑해요.
5. 바울은 좋은 일꾼이 되기 위해서 열심히 ☐☐☐ 을 본받으려고 했어요.

정답 1. 거짓말 2. 화 3. 도둑질 4. 용서 5. 예수님

1. 하나님의 자녀가 되려면 누구를 닮아야 하는지를 선생님과 함께 이야기해 보세요.
2. 예수님을 닮으려면 어떻게 해야 하는지를 선생님과 함께 생각해 보세요.

하나님 아버지, 예수님을 닮은 하나님의 자녀가 되게 해주세요. 예수님의 이름으로 기도드립니다. 아멘.

점선을 따라 살짝 접은후 잡아당겨 주요.

안으로 접는 선 · 바깥으로 접는 선 · 자르는 선

하나님의

좋은 일꾼이

되기 위해서

예수님을

열심히

본받는

되겠습니다.

거짓말하지 말고
바르고 좋은 말만 하세요.

남의 것을 훔치지 말고
열심히 일해서
가난한 사람들을
도와주세요.

예수님이 우리를
먼저 용서하고 사랑하신 것처럼
우리도 서로 용서하고
사랑해야 합니다.

그러므로 여러분은

사랑을 받는 자녀답게

하나님을 본받는 사람이 되고

– 에베소서 5장 1절

점선을 따라 살짝 접은후 잡아당겨 주세요.

······ 안으로 접는 선

— · — 바깥으로 접는 선

- - - - 자르는 선

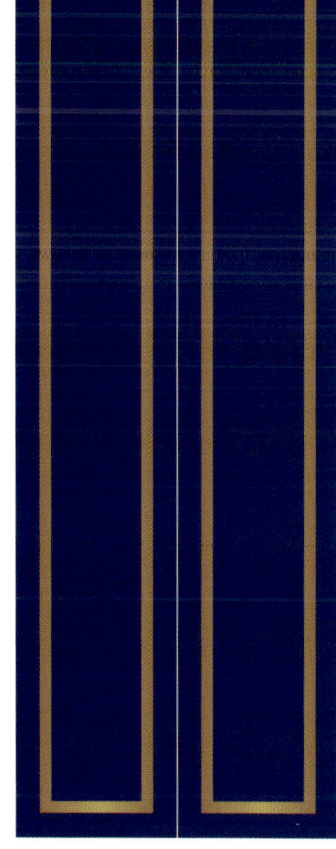

〈 만드는 과정 〉

1.  책에서 활동지를 분리하고 그림을 모양대로 모두 오려줍니다. 구름모양의 그림들은 하얀선을 따라 오려줍니다.

2.  그림 안쪽의 금색선을 따라 접어줍니다.

3. 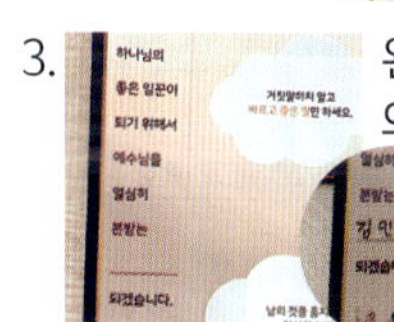 왼쪽의 글을 읽으며 빈 칸에 학생의 이름을 적습니다.(다 적은 후 큰 소리로 학생과 함께 읽어보세요.)

4.  구름 그림의 내용과 맞는 바탕의 말씀을 찾아 차례차례 붙여줍니다. 이때 풀칠하기가 표시된 부분만 붙여줍니다.
그림을 하나씩 붙이면서 배웠던 말씀을 이야기 형식으로 반복하여 복습합니다.

5.  완성된 카드를 다시 접어 사진과 같이 닫을 수 있도록 고리를 만들어 붙여줍니다.
* 양면테이프를 사용하시면 좋습니다.

6.  완성된 카드로 한 번 더 복습하고 기도로 마칩니다.

* 완성된 활동을 통해 다른 친구들과 가족들에게 학생들이 전할 수 있도록 지도해 주시면 좋겠습니다.

* 종이가 두꺼워서 접는 활동이 어려울 수 있습니다. 접는 선을 커터칼 등 부분을 사용하여 선을 그어 주면 좀 더 쉽게 접을 수 있습니다.

STICKER 1

하나님 나라에 속한
일꾼들의 이야기!

5p

9p

13p

19p

21p

25p

29p

33p

39p

41p

45p

49p

53p

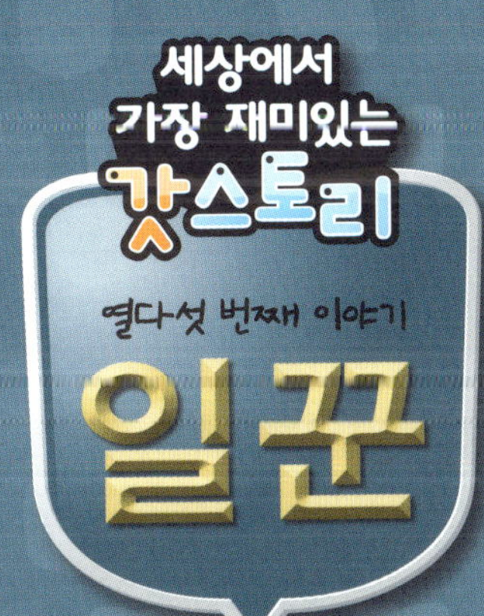

STICKER 2

하나님 나라에 속한
일꾼들의 이야기!

5p

9p

13p

19p

21p

25p

29p

33p

39p

41p

45p

49p

53p